SUR LA DÉTRESSE

DES

COLONIES FRANÇAISES

EN GÉNÉRAL,

DE L'ILE MARTINIQUE

EN PARTICULIER;

ET DE LA NÉCESSITÉ

DE DIMINUER LA TAXE EXORBITANTE
ÉTABLIE SUR LE SUCRE EXOTIQUE.

PAR LE GÉNÉRAL BERTRAND.

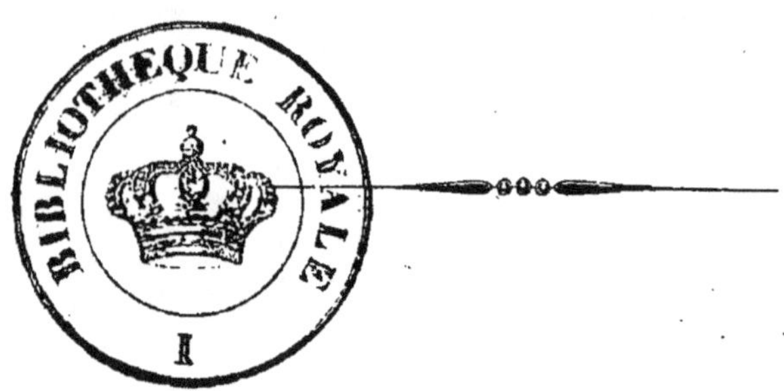

PARIS,

TYPOGRAPHIE DE FIRMIN DIDOT FRÈRES,

RUE JACOB, N° 56.

1838.

Typographie lo Firmin Didot, rue Jacob, n° 56.

INTRODUCTION.

Chargé de publier, au milieu des circonstances présentes, un Mémoire important sur le sort de la culture dans nos colonies, je m'estime heureux, et je suis fier d'être honoré par la confiance de mon illustre commettant.

M. le lieutenant général comte Bertrand vivra dans les souvenirs de la postérité, pour être resté fidèle à la gloire et surtout au malheur de l'homme du siècle. Après avoir, comme Caton et Xénophon, gagné la renommée dans la carrière des armes, il consacre, à leur exemple, les loisirs de la paix aux soins de l'agriculture. Comme eux, il écrit sur le travail des champs et sur l'économie rurale, avec la simplicité, la gravité, l'autorité d'un esprit juste et ferme, qui se confie en sa propre expérience, qui certifie ce qu'il voit de ses yeux, et qui, de sa plume, défend la vérité avec autant de calme et de puissance qu'il en apportait autrefois à défendre de son épée les intérêts de la patrie.

A vingt années d'intervalle, il s'est trouvé deux fois à de vastes distances, au milieu de l'océan Atlantique, et toujours les yeux tournés vers la France.

La première fois, il habitait le rocher de Sainte-Hélène, où Napoléon méditait les destins du pays natal, comme Marius y songeait sur les ruines de Carthage.

La seconde fois, il habite au pied de l'ancien volcan de la Martinique, en des lieux où l'imprévoyance de la mère patrie accumule des misères et prépare des commotions qui peuvent être plus funestes que n'ont été les tremblements de terre, quand les cratères de cette île vomissaient la lave aujourd'hui fertilisée par l'industrie des colons français.

Après la démonstration claire et palpable des maux soufferts dans nos établissements intertropicaux, par l'excès, par l'iniquité des impôts, le lecteur trouvera des vues grandes, élevées, sur l'importance nationale, sur les destinées maritimes et militaires de ces établissements : on dirait la réminiscence des entretiens où l'empereur exilé consacrait ses loisirs à développer de hautes conceptions sur les éléments de la puissance française.

En complétant le tableau des services rendus au commerce, à la navigation, à la force de la mère patrie par la fécondité, par la position, par les ports et les forts de nos colonies, pour nous borner à la Martinique, et ne parler que des personnes, après avoir énuméré les choses, nous pouvons dire qu'une île grande au plus comme une sous-préfecture, qui, dans le cours de deux générations, a donné la Touche-Tréville à la marine, Eugène à l'armée et Joséphine au trône, ces trois modèles du génie militaire, de la grâce et de la loyauté, un tel pays s'est acquis des droits impérissables à l'estime, à l'affection de tous les cœurs français.

Et lorsque cette île compte, parmi ses simples colons, le général Bertrand et tant d'autres anciens compagnons d'armes et de victoire, sa prospérité fait partie des richesses et des gloires nationales : il n'est plus possible de la sacrifier sans déshonneur, comme sans injustice.

Paris, décembre, 1838.

Baron Charles Dupin,

délégué de la Martinique.

SUR LA DÉTRESSE

DES

COLONIES FRANÇAISES

EN GÉNÉRAL,

DE L'ILE MARTINIQUE

EN PARTICULIER;

ET DE LA NÉCESSITÉ

DE DIMINUER LA TAXE EXORBITANTE ÉTABLIE SUR LE SUCRE EXOTIQUE,

Par le général BERTRAND.

OBSERVATIONS PRÉLIMINAIRES.

L'impôt excessif qui pèse sur le sucre exotique, s'il n'était pas diminué, aurait pour résultat iné-vitable de faire abandonner la culture de la canne, et de tarir la source de la richesse coloniale. La situation vraiment déplorable de nos colonies, liées par tant de rapports à l'industrie, au commerce de la France, surtout à sa navigation, par conséquent à sa puissance maritime et à son influence politique, une telle situation appelle à la fois la sollicitude du gouvernement, les méditations de nos hommes d'État, et l'attention de tous ceux qui mettent en première ligne les grands intérêts de la patrie.

Plusieurs délégués de nos quatre colonies, auxquels arrivent les plaintes de leurs commettants, après avoir fait de vains efforts pour persuader au gouvernement de venir à leur secours, leur ont écrit qu'ils désespéraient de rien obtenir.

Dans ces graves circonstances, le conseil colonial de l'île Martinique s'est déterminé à envoyer extraordinairement des commissaires pour mettre sous les yeux du Roi, et de ses ministres, notre fâcheuse situation.

Serait-il donc impossible de faire comprendre à la métropole que l'exagération de l'impôt entraîne des conséquences désastreuses ? La raison n'a-t-elle pas son empire ?

Cette considération nous a décidé à examiner, sous différents points de vue, une question délicate, compliquée d'éléments divers et opposés. Heureux si, par les éclaircissements que nous avons tâché de réunir, nous pouvons faciliter une solution importante à la prospérité nationale, aux intérêts coloniaux et métropolitains, lesquels nous semblent inséparables.

I. DE LA TAXE SUR LE SUCRE COLONIAL CONSIDÉRÉE RELATIVEMENT AU TRÉSOR PUBLIC.

1° *De la taxe dans ses commencements, et dans les circonstances actuelles.*

Lorsqu'une taxe de vingt-quatre francs soixante et quinze centimes fut établie en France, sur le quintal de sucre brut, ce quintal se vendait alors plus de quatre-vingt-dix francs. Par suite de la paix, et du rétablissement de leurs relations avec la métropole, les colonies se sont relevées de l'état calamiteux où elles avaient langui pendant une guerre opiniâtre et l'occupation étrangère. La culture s'est améliorée, les produits se sont accrus, le prix du sucre a baissé successivement à quarante, trente-six et trente francs. L'abaissement dans le prix a été suivi d'un accroissement dans la consommation, et, de trente millions qu'elle était en 1817, elle était arrivée en 1832 à quatre-vingts millions de kilogrammes. A présent elle dépasse peut-être quatre-vingt-dix ou même cent millions.

Tant que le prix d'un quintal de sucre s'est maintenu au-dessus de trente francs, la métropole a pu, sans aucune difficulté, prélever l'impôt établi. Elle a pu même le percevoir encore, lorsque ce prix est tombé à vingt-cinq francs; cette somme étant pour le plus grand nombre des habitations, l'équivalent des frais d'exploitation et de la rente du propriétaire, *réduite à un taux très-modique.*

` Mais lorsque les prix sont descendus sur le marché de la colonie à vingt-quatre et même à vingt-deux francs, comme à la fin de 1837 ; puis à vingt-trois, à vingt, à dix-sept francs, même à quinze, à seize, et beaucoup plus bas, comme en 1838 ; alors les frais de culture n'ont pu être payés ; les colons sont tombés dans la plus grande détresse ; les négociants de la ville de Saint-Pierre, le grand port commercial de la colonie, ont éprouvé des pertes considérables ; les faillites se sont succédé ; les capitaux ont disparu.

2° *Du prix du sucre, relativement aux frais de production.*

De l'enquête qui eut lieu en 1828, il résulta que, pour donner au cultivateur colonial les moyens de payer les dépenses de son exploitation et la rente du propriétaire, le produit d'un quintal de sucre brut devait être de trente francs, net dans les entrepôts de France : déduction faite de la taxe et de tous les frais divers perçus sur le sucre de canne, depuis son chargement dans un des ports de la colonie, jusqu'à sa sortie des magasins de l'entrepôt.

Postérieurement, d'après les améliorations et les soins apportés à la culture, *mais surtout en rédui-*

sant la rente du propriétaire, on a reconnu que le cultivateur pouvait strictement, avec un prix de vente de vingt-cinq francs au port d'embarquement, fournir à cette rente ainsi réduite, et aux dépenses d'exploitation. Ce dernier prix devient chaque jour d'autant plus nécessaire, que l'adoucissement apporté dans le sort des esclaves tend à diminuer le travail, et à augmenter les dépenses.

D'après les calculs de mes voisins, calculs dont les détails me sont connus, d'après ceux de plusieurs colons, à la sincérité et à l'exactitude desquels j'ai toute raison de me confier, et aussi d'après mon expérience propre sur deux habitations, dont les comptes depuis dix ans me sont devenus familiers, je n'hésite point à dire que, dans les plantations qui produisent deux cents milliers de sucre, et dans celles qui en produisent une quantité moindre, ce qui comprend à peu près les trois quarts des sucreries de la Martinique, lorsque le quintal de sucre brut est vendu vingt-cinq francs nets de tous frais de transport maritime, *la rente du propriétaire est à peine de quatre pour cent du capital que représente son habitation ;* et s'il survient quelque augmentation dans les dépenses, par suite, soit d'une réparation considérable, soit d'une mortalité dans les bestiaux, soit d'une hausse dans le fret, ou par toute autre cause, cette rente est aussitôt réduite *à trois pour cent.*

Or, dans ce superbe climat, où la végétation ne cesse jamais, en quelque saison que ce soit, dans ce beau pays si fertile, mais si exposé à de redoutables fléaux et aux terribles ouragans, c'est là un revenu très-modéré.

Combien de propriétés sont encore empreintes des stigmates de l'épouvantable désastre d'octobre 1817! Dans les quartiers du sud de la colonie, les cannes, les arbres, les cases des nègres, les toitures, tout fut renversé. Sur mon habitation, il n'est pas resté une seule charpente debout. Pendant cette effrayante crise, qui a duré plus de dix heures, de six heures du matin jusqu'à cinq du soir, la tempête avait tout jeté dans l'étang de la Saline, ou à la mer.

Sous un ciel ordinairement si serein, mais alors nébuleux et sombre, les tuiles, les aissantes, les débris volaient dans les airs; et, chose singulière, pendant que la pluie tombait par torrents, le vent, qui passait brusquement d'une direction à une autre, comme s'il voulait que rien n'échappât à sa fureur, transportait des tourbillons de sable, de poussière et de chaux, qui obscurcissaient encore l'atmosphère, pénétraient dans les yeux, et offusquaient la vue.

Des éclaircies succédant par intervalles à l'obscurité, laissaient apercevoir, de temps à autre, les flots de la mer qui, couverts d'écume, s'élevaient à une hauteur prodigieuse, et, se brisant avec violence contre les rochers de la côte, débordaient dans les plaines où ils n'avaient jamais pénétré, en arrachaient les cannes, bouleversaient le sol, et le couvraient de poissons dont, peu de jours après, la putréfaction exhalait une odeur fétide qui menaçait de faire succéder la peste à la dévastation.

Au fracas des édifices qui s'écroulaient de tous côtés, se mêlaient le sifflement aigu des aquilons et le mugissement des flots. Les secousses et le bruit sourd produits par un tremblement de terre venaient encore ajouter à l'effroi. Frappés de terreur, les nègres croyaient arrivé le jour solennel, précurseur de la fin du monde.

Cependant, au milieu de ce chaos de destructions, le bras du TOUT-PUISSANT protégeait ses créatures. Les animaux erraient, sans éprouver beaucoup de pertes, dans leurs parcs ou dans les savanes. Les femmes, les enfants, les nègres s'étaient abrités au fond des cavités qu'ils venaient de pratiquer dans l'intérieur des cases à bagasses. Tandis que l'ouragan broyait, dispersait les piliers de leurs abris, et les toits qui les couvraient, les vents glissaient sur les masses agglomérées des bagasses, c'est-à-dire, des tiges desséchées des cannes, et respectaient, dans leurs petites retraites improvisées, les créatures humaines.

Plusieurs personnes, cependant, surprises par la tourmente, ont été renversées, entraînées, puis précipitées à la mer, qui bientôt abandonnait leurs corps mutilés sur la plage et les récifs.

Oh ! comme ces gigantesques bouleversements de la nature font contraster la puissance du Maître de l'univers et la faiblesse de l'homme !

Pendant ce même mois d'octobre 1817, le vicomte de Villarson fit l'acquisition de la propriété où il a employé depuis, avec beaucoup d'intelligence, plusieurs des nouveaux procédés introduits en France dans la fabrication du sucre. Il achète pour quatre cent mille francs, signe le contrat de vente le quatorze, et s'établit le seize dans sa nouvelle demeure. Le vingt-et-un, vers neuf heures du matin, tout était rasé, anéanti. Ce fut l'affaire de quelques minutes. La perte a été évaluée deux cent mille francs. Dans ce pays, où l'intérêt de l'argent est à douze pour cent, un colon, pendant longues années, était atterré sous le poids d'un tel désastre. Hélas ! les propriétés qui éprouveraient à présent de pareilles catastrophes ne pourraient s'en relever, et seraient ruinées à jamais.

Faut-il parler de ce crime terrible, dont j'ose à peine prononcer le nom (1); de ce crime, dont les ravages, plus rares, heureusement, de nos jours, parmi l'espèce humaine, sont encore très-communs sur les animaux; de ce crime dont les coups, portés dans l'ombre, partent souvent d'une main qui

____

(1) L'empoisonnement.

vous flatte, poussée par des sentiments de jalousie ou de vengeance, qu'on ne soupçonne pas, qu'on ne peut deviner?

Dans ces contrées d'une si grande fécondité, la nature, prodigue de ses dons, fait naître une foule de productions médicinales, telles que la casse, le tamarin, le palma-christi, une multitude de plantes sudorifiques, mucilagineuses, émollientes ou amères : en sorte que chacun trouve, presque sous sa main, des remèdes pour toutes les maladies. De même aussi la nature a placé, comme par une fatale compensation, à côté de ces plantes salutaires, des substances vénéneuses dont les nègres ne connaissent que trop les prompts et funestes effets.

Il y a peu de semaines, je causais avec un homme d'esprit, qui s'occupe avec soin de la culture de ses terres et du bien-être de son atelier. En peu d'années, il a perdu des bestiaux pour une valeur qui excède cent trente mille francs : malheur provoqué probablement par quelque influence étrangère, autant du moins qu'il peut le présumer; car il est difficile et parfois dangereux de vouloir pénétrer ces affreux mystères d'une odieuse et coupable vengeance.

Lorsqu'on examine les éléments qui peuvent servir à déterminer la rente du propriétaire, les considérations qui viennent d'être présentées ne doivent pas, ce me semble, être regardées comme étrangères à la question.

3° *Faits qui démontrent la détresse des colons, à l'île Martinique.*

La sécheresse s'est fait sentir l'an dernier dans les quartiers du sud de la colonie. Sur l'habitation où je demeure, la récolte a été seulement de cent vingt-huit barriques de sucre, et la dépense a excédé la recette de plus de trois mille francs.

Cette année la saison, plus favorable, a produit une récolte de cent quatre-vingt-douze barriques, dont la plus grande partie a été expédiée en France. Si les prix indiqués depuis quelque temps se maintiennent, tels, par exemple, que cinquante-cinq francs au Havre, pour le quintal de sucre de la qualité dite *bonne quatrième*, le produit de mes cent quatre-vingt-douze barriques de cette année équivaudra à peine à celui des cent vingt-huit de l'année dernière. Dans ce cas, qui n'est que trop probable, les dépenses de la présente année excéderaient encore les recettes de plus de trois mille francs.

La récolte est terminée, et la dépense de neuf mois effectuée; on peut évaluer assez exactement celle des trois derniers mois, et le revenu de l'année actuelle. Deux habitations dont les terres sont adjacentes aux miennes, présentent des résultats analogues : celle dite les *Salines Blondel,* dont les propriétaires sont en France; celle dite *le Malgré,* appartenant à M. Larougery, homme de sens et d'expérience, qui, se trouvant sur les lieux, ne perd pas de vue les soins de la culture, et veille à l'économie des dépenses. Depuis deux ans ces deux habitations n'ont pas couvert leurs frais d'exploitation....

J'ai cité ces deux propriétés parce qu'elles me sont contiguës. J'aurais pu en citer d'autres. Sur les onze habitations qui m'avoisinent, il en est deux qui, l'an dernier, ont donné un petit revenu : la propriété, jadis si belle, du *Val d'Or*, huit cent et quelques francs ; celle de messieurs Loture et Rivière, sept cent et tant, propriété dont l'atelier est le plus fort et le plus nombreux du quartier! Dans les neuf autres, les recettes n'ont pas égalé les dépenses. Il en est où elles ont été inférieures de plus de six mille francs. Ainsi l'année dernière, sur douze habitations, deux ont réalisé seules un très-petit revenu, les dix autres n'ont pu faire face à leurs dépenses. Cette année, de ces mêmes douze habitations, il y en aura six dont les frais de culture ne seront pas couverts.

Dans la colonie beaucoup de plantations sont malheureusement en position pareille. D'autres, plus favorisées par d'abondantes récoltes, par leur situation, ou par d'autres circonstances, ont pu résister à la baisse du prix du sucre.

Deux habitations qui ont produit l'an dernier deux cent trente-deux barriques de sucre, et cette année trois cent trente, ont payé d'impôt au trésor, en 1837, cinquante mille francs; en 1838, soixante et quatorze mille : total CENT VINGT-QUATRE MILLE FRANCS ; et cela sur le taux de vingt-quatre francs soixante et quinze centimes le quintal, en évaluant à neuf quintaux le poids net en France d'une barrique. Pendant ces deux années, ces deux habitations n'ont pas rapporté UN ÉCU, un seul, à leur propriétaire, qui est réduit à emprunter ici, afin de pourvoir à sa table et à ses dépenses personnelles, toutes modestes qu'elles soient. Un état de choses aussi monstrueux peut-il se prolonger? J'en appelle à la consciénce publique.

S'il m'est permis de le dire, ce propriétaire, c'est moi. Il y a ordinairement inconvenance, je ne l'ignore point, à parler de ses affaires particulières, quand il est question d'intérêts généraux. Mais comme il s'agissait ici d'établir certains faits d'une manière incontestable, il m'a paru que je serais excusable, quoique cela me concernât, de présenter ceux dont je pouvais garantir l'exactitude.

Le conseil colonial de la Guadeloupe a peint avec vérité et énergie la cruelle position de ses concitoyens dans une phrase que nous copions ici : « Partout ils entendront (les législateurs de la « France) les cris du DÉSESPOIR et de l'INDIGNA- « TION, de ce désespoir qu'éprouve le chef de « famille, l'homme d'honneur, lorsqu'il voit que « ses revenus ne peuvent suffire à ses dépenses ni « à ses engagements; de cette indignation que l'in-

« justice fait naître dans les hommes de tous les
« pays. »

4° *Impossibilité de maintenir la taxe actuelle.*

Ces faits établis, nous demandons s'il est possible de continuer à prélever l'impôt immodéré
établi sur le sucre exotique. Tous les citoyens, sans
doute, doivent contribuer aux charges publiques,
mais dans de justes proportions. On admet en
France que l'impôt peut s'élever au cinquième de
la rente des propriétaires; mais lorsqu'il absorbe
la moitié, les trois quarts, la totalité de leurs revenus, n'y a-t-il pas là une injustice révoltante?
Afin de procurer au fisc une ressource momenta-
née, faut-il ruiner le cultivateur et anéantir la
culture? Pour cueillir le fruit, les sauvages coupent
l'arbre par le pied.

Les colonies succombent! elles succombent par
le fait seul de la volonté de la métropole, par le
refus obstiné d'alléger le poids de la taxe excessive
dont est grevée leur industrie.

Nos délégués, après avoir épuisé tous leurs efforts et les raisonnements que leur suggérait la
position malheureuse de ces contrées, naguère
encore si florissantes, dans une situation qui leur
a paru désespérée, ont engagé leurs commettants
à prendre quelques-unes de ces mesures extrêmes
qui, dans les grandes crises, sont parfois un

moyen de salut. Ils les ont engagés à cesser la fabrication du sucre comme le seul moyen de décider à un dégrèvement le trésor public, qui, sourd à tous les cris, insensible à toutes les plaintes, repoussant toutes les raisons, dans son aveugle obstination, n'ouvrirait les yeux que lorsqu'il cesserait de palper dans ses coffres les TRENTE-TROIS millions que lui paye annuellement le sucre colonial.

Lorsqu'à l'aurore de la révolution française retentirent en Europe et sur l'océan Atlantique ces paroles échappées, dit-on, à un esprit élevé, à un cœur généreux : *Périssent les colonies plutôt qu'un principe,* ces paroles, objet de reproches si vifs et si amers, avaient du moins leur source dans un sentiment honorable.

Mais que le fisc, aux entrailles de bronze, nous crie : Périssent les colonies plutôt que de voir échapper quelques millions au gouffre de son milliard annuel! voilà ce que la raison condamne, ce que l'équité repousse, ce que la postérité flétrirait comme un calcul mesquin, indigne d'un grand peuple, contraire à ses véritables intérêts, à la dignité et à l'honneur national.

Non, la métropole ne peut pas ruiner ses colonies qui lui ont été et lui sont encore si utiles. Pour être éloignés et dans le malheur, avons-nous cessé d'être Français? Une telle politique ne serait pas d'une nation éclairée. L'équité est indispensable à tout gouvernement qui voit dans l'avenir.

5° *Si la réduction de la taxe nuirait au trésor.*

Mais est-il bien certain que le dégrèvement, nécessité par l'état de souffrance de nos colonies, serait aussi fatal au trésor qu'on paraît le croire? Il est permis d'en douter.

On remarquera que depuis 1816 la consommation du sucre en France s'est augmentée à mesure que le prix du sucre a baissé. Cependant on n'évalue qu'à trois kilogrammes de sucre, par tête, la consommation d'un Français; tandis qu'on évalue à huit celle d'un Espagnol, à onze et demi celle d'un Anglais, à douze celle d'un Prussien, selon le rapport publié en 1826 par M. de Multzau, ministre de Prusse.

Un Français aime tout autant le sucre qu'un Espagnol, un Suisse ou un Allemand. S'il en mange moins, c'est que parmi nous le sucre est trop cher. Baissez-en le prix, le Français en consommera autant que ses voisins du continent. Depuis vingt ans la consommation du sucre a triplé en France. Si par la combinaison des divers éléments qui en établissent le prix, notamment par la réduction de la taxe et la diminution des frais de production, ce prix venait à baisser de quelques sous par livre, la consommation doublerait probablement, et le revenu du trésor augmenterait, même si la taxe se trouvait réduite d'un tiers.

Exagérer l'impôt, c'est souvent en diminuer le produit. Les faits à l'appui de cette assertion ne manquent pas.

J'ai déjà eu occasion de citer la phrase de lord Brougham, que voici : « En 1804, le gouvernement « anglais augmenta de vingt pour cent les droits « sur le sucre. On pourrait croire que ce droit, qui « produisait au fisc, année commune, 2,778,000 li- « vres sterling, augmenté d'un cinquième, devait « rapporter 3,300,000 livres sterling ; il rapporta « 2,537,000 livres sterling, c'est-à-dire, moins qu'au- « paravant. » *Brougham's speech in the house of commons, marsh* 13, 1817.

En France, la contrebande est considérable sur toutes nos frontières de terre, notamment aux Pyrénées, où elle se faisait à main armée et par bandes, au moins il y a quelques années. M. Gaultier, dans un écrit qui contient des faits curieux, a évalué la contrebande à un quart de notre consommation. La proportion est probablement moindre, mais elle échappe à la précision du calcul. Baissez le prix du sucre, et la contrebande diminuera ; diminuez la contrebande, le trésor y gagnera.

Il y a donc de fortes raisons de croire qu'en définitive la réduction de l'impôt ne nuirait point aux intérêts du trésor, et l'expérience le prouvera un jour, il faut l'espérer.

II. De la taxe sur le sucre colonial, considérée relativement au sucre indigène.

1° De l'extension qu'a prise la fabrication du sucre indigène.

Malgré tous les encouragements donnés dans l'origine au sucre de betterave, ses progrès ont d'abord été fort lents. Après vingt ans écoulés, la betterave ne produisait encore, en 1828, que quatre millions de kilogrammes de sucre ; en 1832 elle n'en produisait que douze. Depuis cette époque, ses accroissements ont été rapides. En 1835, trente millions ; en 1836, quarante-neuf, et en 1837, soixante, selon quelques-uns de nos papiers publics.

Dans un petit écrit qui accompagnait un tableau graphique ingénieux, destiné à présenter à l'œil une idée nette des diverses quantités qu'avaient fournies annuellement à la consommation de la France, le sucre de betterave, le sucre colonial et le sucre étranger, le baron Dupin a évalué la récolte de 1835 à trente millions, et celle de 1836 à quarante-neuf millions de kilogrammes (1).

Les archives statistiques citées par M. Fournier, devant le conseil général du commerce, évaluent

(1) La récolte de 1838 est évaluée par les agents du ministère des finances à plus de cinquante-cinq millions de kilogr. de sucre de betterave.

également la récolte de 1835 à trente millions, et celle de 1836 à quarante-neuf millions de kilogrammes.

Cependant il convient d'ajouter que, dans un rapport fait le 18 juin dernier, au nom d'une commission de la chambre des députés, M. Dumon a annoncé que, par le seul effet de la promulgation de la loi qui impose le sucre indigène, quarante-deux fabricants avaient fermé leurs ateliers; qu'il s'était élevé dix-neuf fabriques nouvelles, commencées, il est vrai, avant que cette loi fût rendue; et que, d'après les renseignements fournis par l'administration des contributions indirectes, la fabrication qui avait produit en 1835 vingt-huit millions, en 1836 quarante, n'avait été en 1837 que de quarante-trois millions de kilogrammes (1).

2° *Des divers avantages dont il est entouré.*

Le sucre, l'un des articles les plus importants de nos exportations avant 1789, et qui était compté par M. Necker pour quatre-vingt-dix millions dans la balance de notre commerce; le sucre, dont la production semblait réservée au climat des tropiques, est devenu un des produits du sol de la France, non pas de cette partie de son territoire où croissent la vigne, le mûrier et l'olivier, mais

_____

(1) Voyez la note précédente sur le produit de 1838.

de la zone qui est précisément la plus froide de notre patrie.

Cet événement singulier a vivement occupé la curiosité publique. Les bénéfices qu'a fait espérer cette découverte inattendue, les avantages que semblait devoir en retirer notre agriculture, l'attrait de la nouveauté, si puissant parmi nous, ont attiré des capitaux. Des hommes de science, des chimistes, des mécaniciens, ont porté leur attention sur la fabrication du sucre. De meilleurs procédés ont été successivement mis en usage. La cuisson du jus de la betterave à la vapeur et dans le vide; puis au moyen de la vapeur, mais à l'air libre; des appareils de filtre, l'épuration par le noir animal, des chaudières fabriquées dans divers systèmes, en dernier lieu la liqueur Stolen, chaque jour a vu naître quelque amélioration nouvelle. Enfin, la dessiccation de la betterave paraît devoir opérer, dans la fabrication du sucre indigène, une révolution complète. Il pourrait arriver, même en admettant l'égalité de taxe, que le sucre de betterave fût livré au même prix que le sucre de canne, peut-être à un prix inférieur. Et tel serait sans doute le résultat, si les expériences provoquées par un de nos habiles chimistes, M. Dumas, réalisaient ses prévisions, ainsi que cela est probable.

3° De la baisse des prix du sucre.

Supposons la consommation, en France, de

quatre-vingt-dix millions de kilogrammes. Le sucre indigène en a produit l'année dernière quarante-trois millions, et peut-être soixante. Il a fourni, sinon aux deux tiers, du moins à la moitié à peu près de la consommation de la France. Comme le producteur était exempt d'impôt, et que ses procédés de fabrication se perfectionnaient en même temps que sa culture augmentait, il a pu diminuer son prix de vente et établir celui du marché : il l'a fait.

La réduction du prix du sucre n'est donc point accidentelle. Au contraire, tout indique qu'elle doit se prolonger et s'accroître encore. Sur un sol aussi étendu, aussi fertile, aussi bien cultivé que celui de la France ; avec l'appui que cette industrie nouvelle trouve dans les hommes d'art et de science qui s'occupent de simplifier, de perfectionner ses procédés ; avec les avances que lui font les capitalistes, avances qui lui permettent de réaliser les améliorations indiquées, le sucre indigène doit prendre tous les jours de nouveaux développements qui rendront la lutte difficile aux colons qui sont éloignés, découragés, accablés d'un impôt énorme, grevés d'un surcroît de dépenses et dépourvus de capitaux.

4° Du résultat de la lutte entre le sucre de canne et le sucre de betterave.

Le sucre de canne a été frappé d'un impôt qui

est, cette année, de dix francs par cent kilogrammes, et qui sera de quinze francs l'an prochain, ce qui semblerait devoir influer sur le prix
du marché, sans cependant le faire hausser à
beaucoup près dans cette proportion.

Une diminution de la taxe sur le sucre de canne
d'au moins vingt francs par quintal métrique est
sollicitée avec instance, et me paraît indispensable.
J'en donnerai plus loin la raison.

Il resterait encore au sucre indigène une supériorité de cinquante francs par quintal métrique sur
le sucre exotique, savoir, vingt francs résultant de la
différence des taxes, et trente francs de frais occa-
sionnés par le transport du sucre colonial sur le
marché de la métropole. Cette supériorité serait,
l'an prochain, réduite à quarante-cinq francs.

Les avantages dont jouissent les fabriques de
sucre indigène ne semblent pas pouvoir être anni-
hilés par le dégrèvement si impérieusement com-
mandé en faveur du sucre de canne. Quelques
spéculations faites sans prudence peuvent sans
doute ne pas réussir, mais les opérations entre-
prises avec sagesse se maintiendront.

Il est vraisemblable que cette réduction devra
être poussée plus loin, et qu'on finira par assu-
jettir au même impôt le sucre indigène et le sucre
exotique. Celui-ci demeurerait encore grevé des
frais qu'accumulent sa position éloignée, le déchet en mer, le fret, les assurances, les droits de

commission, frais qu'on évalue à quinze francs les cinquante kilogrammes.

Et peut-être ne s'arrêtera-t-on pas là. Car de même que le sucre de l'île Bourbon est moins imposé que celui des Antilles, à cause de son plus grand éloignement, de même peut-être faudra-t-il plus tard, à l'inverse de ce qui s'est pratiqué jusqu'à présent, se déterminer à imposer le sucre exotique moins que le sucre indigène.

Le gouvernement doit avoir l'œil ouvert sur leurs situations respectives, jusqu'à ce que l'équilibre entre eux soit rétabli; il doit tendre, à ce qu'il nous semble, à faire coexister ces deux produits rivaux. C'est un résultat difficile, mais qui peut-être n'est pas impossible à obtenir.

III. De la nécessité, pour le gouvernement, de prendre en grande considération la situation des colonies.

1° Des principes d'équité qui doivent diriger le gouvernement envers ses colonies.

Ils sont en général jugés défavorablement, trop souvent calomniés, même à la tribune nationale, ces colons qui ont toujours les yeux tournés vers la France que chacun d'eux veut aller voir; vers cette France dont le nom est ici dans toutes les bouches, et l'amour dans tous les cœurs.

Tandis que le ciel semblait les garantir des fléaux qui si souvent les désolent, et que leurs efforts pour améliorer la culture, accroître leurs produits, en abaisser le prix, étaient couronnés du succès, ils se voient réduits à la misère. Leurs plaintes, leurs plus justes doléances sont partout rejetées.

Dans le malheur les esprits s'aigrissent, surtout si la cause n'en est pas fortuite, et si elle peut être attribuée avec quelque apparence de raison à la volonté du gouvernement, qui pouvait, s'il l'eût voulu, faire disparaître les difficultés.

M. Duchatel, seul, avait compris l'importance et les embarras de la situation coloniale. L'espoir que son projet de dégrèvement serait adopté a soutenu le prix du sucre au commencement de 1837. Ce projet écarté, les prix ont constamment décliné. Les réclamations sont devenues plus pressantes, toutes ont été repoussées. On a même nié la diminution des prix. Mais les récriminations sont une triste ressource. Ce qui importe lorsque le mal est avéré, c'est d'y porter remède.

Il n'y a pas seulement de la générosité à venir au secours de populations françaises dont la métropole a réglé les conditions d'existence, c'est un devoir pour elle de prévenir la ruine de ses colonies qu'elle précipite dans la misère, en violant elle-même les clauses du contrat qu'elle a dicté. Ce serait de plus une grande faute de ne pas prendre toutes les mesures convenables pour conserver un des éléments précieux de la richesse et de la puissance nationale.

Peut-être ne sera-t-il pas hors de propos de trans-crire ici quelques paragraphes des instructions des-tinées pour les colonies françaises par la première et la plus remarquable de nos assemblées natio-nales , laquelle me semble avoir tracé, avec cétte élévation de pensées qui lui était ordinaire , les devoirs réciproques de la métropole et des colonies :

« La nation française ne veut exercer sur elles (les
« colonies) d'autre influence que celle des liens éta-
« blis et cimentés pour l'utilité commune.

. . . .

« Elles offrent à tous les peuples, par leurs ri-
« chesses, l'objet d'une active ambition ; elles n'ont
« point la population, et ne peuvent se procurer
« les forces maritimes et militaires qu'il est néces-
« saire de leur apporter.

« Il faut donc qu'unies, identifiées avec une
« grande puissance, elles trouvent dans la disposi-
« tion de ses forces la garantie des biens qui leur
« sont acquis par une bonne constitution, par de
« bonnes lois intérieures.

« Il faut que cette puissance , intéressée à leur
« conservation par les avantages qu'elle recueillera
« de ses transactions avec elles, se fasse un DEVOIR
« envers elles de la plus constante ÉQUITÉ ; qu'elle
« présente toujours une masse de forces suffisantes
« à leur protection, et que par son industrie, par
« ses productions, par ses capitaux, elle ait èn elle

« tous les moyens qui doivent préparer les rap-
« ports de commerce les plus avantageux.

. . . .

« *La France ne recherche point en elles une* RES-
« SOURCE FISCALE. »

Quelle distance des maximes suivies par notre gouvernement, à la politique libérale de cette illustre assemblée envers ses colonies !

2° *Le système colonial est ébranlé dans ses fon-*
dements.

Le sucre indigène a changé la condition essentielle, la base principale du système colonial. La métropole avait dit à ses colonies : Vous ne consommerez que les produits de l'agriculture et de l'industrie de la France ; ils vous seront portés par les navires français et par eux seuls. D'un autre côté le marché de la métropole sera exclusivement ouvert à vos produits, qui ne pourront être importés que dans nos ports et sur nos vaisseaux. Ce contrat, dicté par l'intérêt de la France, n'en était que plus respectable pour elle.

Les conditions à la charge des colonies sont exécutées dans toute leur rigueur. On n'y consomme que les productions de la métropole ; mais leurs propres produits trouvent sur le marché de la France la concurrence la plus redoutable, dans un produit similaire qui fournit déjà à la moitié ou aux deux tiers de la consommation de la France, et qui de plus est favorisé par une taxe sur le sucre colonial tellement outrée, qu'elle ne lui permet la concurrence, qu'à la condition ruineuse de ne pas retrouver dans le prix de vente, de quoi payer même les frais de production.

Les colonies tiennent de trop près à notre prospérité commerciale, aux intérêts de notre navigation, pour que le gouverment les laisse s'abîmer sous le poids de leurs maux, et ne prête pas à leurs doléances une oreille attentive et bienveillante.

Que si cependant la France considérait le sucre indigène comme étant d'une importance telle pour son agriculture qu'elle voulût lui sacrifier le sucre exotique, elle se mettrait dans la nécessité de renoncer à son système colonial et de laisser à ses colonies la liberté du commerce. Mais les conséquences de cette détermination peuvent être si graves, qu'avant de se laisser entraîner à ce parti extrême, nos hommes d'État doivent faire les plus sérieuses réflexions....

3° *Quelques considérations sur les colonies.*

Le tableau général du commerce de la France pendant 1836 n'est pas encore parvenu à l'île Martinique; mais j'ai sous les yeux le tableau de 1835, dont est tiré l'aperçu que voici :

<table>
<tr><td></td><td>Navires.</td><td>Tonneaux.</td><td>Matelots.</td></tr>
</table>

En 1835, les colonies françaises ont employé........ 425:106,137:5,721

En 1835, la navigation au long cours, et, (à l'exception des mers d'Europe), le commerce de la France avec tout le reste de l'univers, savoir :

En Asie : aux Indes, à la Chine, aux Philippines et dans les îles de l'Océanie ;

En Afrique : au cap de Bonne-Espérance et avec les comptoirs de la côte occidentale ;

En Amérique : dans le nord, avec les États-Unis, le Canada, le Mexique, Haïti et les îles espagnoles ;

Dans le Sud, avec le Brésil, le Pérou, le Chili et les divers États de cette vaste contrée, ont employé......... 326 : 76,912 : 4,312

Ces deux lignes de chiffres en disent plus, à mon avis, que toutes les diatribes contre les colonies.

Quoi! la France pourrait abandonner une pépinière de six mille matelots, de ses matelots les plus expérimentés !

Mais d'un homme à un homme, d'un matelot à un matelot, la différence est immense.

Six mille vieux matelots décideront peut-être d'une grande bataille navale, changeront les chances de la guerre, et les destinées de la patrie.

Toute tête politique en France, tout ami de son indépendance et de la gloire de ses armes, nos législateurs surtout, doivent être préoccupés des intérêts de notre navigation.

Nous avons perdu, il n'est que trop vrai, nos plus belles, nos plus riches colonies, Saint-Domingue, l'Ile de France, le Canada, la Louisiane, la Louisiane dont l'abandon, trop peu motivé peut-être, est, selon quelques-uns, une des fautes politiques du grand Napoléon. Mais toutes grandes que soient ces pertes, nous ne devons pas mépriser les colonies qui nous restent, et qui offrent encore des ressources importantes à la prospérité nationale, un débouché à soixante millions de nos produits agricoles et manufacturés. Nous avons à la Guyane des terres neuves et fertiles, un vaste territoire, qui, avec de la sagesse et de l'habileté, pourrait devenir une source de richesses pour la métropole.

Après la malheureuse guerre qui nous fit perdre le Canada et les beaux ports des contrées qu'arrose le fleuve Saint-Laurent, le cabinet de Versailles comprit toute l'importance qu'acquérait la rade du Fort-Royal à l'île Martinique, cette rade la plus belle qui soit dans les îles du Vent. Protégée qu'elle était, contre des attaques de mer, par le fort Saint-Louis et divers fortins ou batteries de côté, il fit construire à grands frais, pour la défendre contre une attaque par terre, le fort Bourbon que les Anglais ont fait sauter dans la dernière guerre, mais dont restent intacts les massifs des remparts, toutes les contrescarpes, la lunette et les galeries de mine du front d'attaque. On peut évaluer à six millions ce qui existe en fortifications et en bâtiments, la citerne, les logements et les magasins à l'épreuve de la bombe.

La rade du Fort-Royal joua un grand rôle dans la guerre de l'indépendance américaine, et devint le lieu de ralliement de nos flottes lorsque Napoléon méditait une descente en Angleterre. Cependant nous semblons ignorer l'existence de cette magnifique rade, et depuis vingt-quatre ans que nous en sommes redevenus maîtres, nous n'avons pas trouvé dans un budget de sept à huit cents millions, ou même d'un milliard, je ne dis pas deux millions qui suffiraient pour remettre le fort dans un état respectable, mais la plus petite somme pour réparer des ruines sur lesquelles, depuis bientôt un quart de siècle, flotte le drapeau de la France, tout étonné sans doute de se voir encore honteusement environné de ronces et de débris.

On croirait que nous ne devons plus avoir de guerres, que nous n'avons plus besoin de ports pour abriter ou ravitailler nos escadres, soit après un coup de vent, soit après un combat; que nos vaisseaux ne doivent plus sillonner l'Atlantique; on le croirait, dis-je, si, en moins d'une année, nous n'avions envoyé une escadre devant Haïti, bloqué Buenos-Ayres et les ports du Mexique.

4° De l'émancipation des esclaves.

A l'époque de nos dernières guerres, et pendant l'occupation de l'étranger, l'île Martinique a langui dans un état de gêne extrême. Du moins elle apercevait alors un terme à son malheur, le retour à la métropole, à sa puissante et bienveillante protection.

Mais à présent, hélas ! aux cris de souffrance des colonies, aux représentations qui arrivent de toutes parts sur la nécessité de diminuer la taxe immodérée qui les écrase, sur l'impossibilité où elles sont de pourvoir aux frais de culture, quelle réponse fait la métropole ? Quel remède à leurs maux propose-t-elle ? L'émancipation !

A un homme qui se meurt, qu'on fait mourir, on offre pour consolation, un moyen de mourir et plus prompt et plus sûr ! Le malheureux qui se noie ne peut guère s'occuper des souffrances des autres.

Placez d'abord le colon dans une situation tolérable ; rendez-lui de l'aisance ; qu'il retrouve un peu de bonheur, qu'il entrevoie dans l'avenir un rayon d'espérance, de cette espérance qui adoucit tant de misères, et son cœur, naturellement bon et généreux, s'ouvrira aux projets que peuvent inspirer l'humanité et le sentiment de la dignité de l'homme, quand il les verra empreints de sagesse, compatibles avec son existence et la prospérité de la colonie.

On a dit qu'il n'y aurait de bonne législation sur l'abolition de l'esclavage que celle qui aurait la sanction des colons eux-mêmes, qui, seuls, connaissent bien le mécanisme de leur organisation particulière, et les rapports qui les lient à leurs esclaves.

Malgré le talent et la droiture de ceux qui les ont présentées, les lois proposées jusqu'à ce jour ont, à mon sens, de graves inconvénients. En rendant toute justice aux intentions louables et au travail de la Commission dont M. de Rémusat a été l'organe dans la chambre élective, au langage mesuré de son honorable rapporteur, je fais des vœux pour que la législation française suspende sa décision sur les mesures qui lui ont été proposées.

Cette question est trop épineuse, trop compliquée, pour que j'essaye de la traiter ici. Ce serait s'écarter du but, et sortir des bornes de cet écrit. Mais, puisque la chambre des députés projette de la décider dans un an ou deux, selon ce qui est annoncé à la fin du rapport de M. de Rémusat, nous croirions sage de remettre à cette époque l'adoption des articles qui ont été présentés comme dispositions préparatoires, *lesquels, dans le fait, n'auraient eu le temps de rien préparer*, et qui, nous le croyons du moins, apporteraient de l'embarras, et même des obstacles réels à la confection d'une loi générale.

Nous prenons la liberté de nous exprimer ainsi, parce qu'il nous paraît moins nécessaire d'agir vite que de frapper juste, et que la seule chose vraiment essentielle serait d'assurer, s'il est possible, le succès d'une tentative dont on ne peut se dissimuler les grandes difficultés, vu qu'elle se rattache aux conceptions les plus élevées de la législation, et à l'œuvre sublime, mais si ardue, de la civilisation humaine.

Les membres de la commission eux-mêmes seront peut-être disposés à adopter ces conclusions. Car nous sommes tous mus par les mêmes sentiments, ceux de l'humanité et de l'utilité publique.

5° *Des mesures à adopter par le gouvernement.*

1° Il faut dégrever immédiatement de vingt francs, par quintal métrique, la taxe établie sur le sucre colonial. On se borne à demander cette réduction dans l'espoir, trop peu fondé peut-être, qu'elle pourra ramener le prix normal de vingt-cinq francs. Complétement étranger aux spéculations commerciales, mon opinion sur les variations ultérieures des prix du sucre ne pourrait être fort précise, et de plus habiles y seraient, je pense, embarrassés.

J'ai exposé précédemment que la baisse du prix du sucre n'était pas un effet transitoire, qu'elle tenait à une cause qui continuerait d'agir. Ayant vu, depuis mon arrivée à l'île Martinique, le prix du sucre tomber, en moins de dix-huit mois, de vingt-sept à quinze francs et plus bas les cinquante kilogrammes, ce qui fait une baisse de vingt-quatre francs le quintal métrique, il me paraît difficile que la taxe de dix francs, qui va peser sur le sucre in-digène, puisse relever sensiblement les prix du sucre colonial (1).

Une réduction immédiate de vingt francs au moins par quintal métrique me paraît donc nécessaire et urgente. L'expérience dira si elle suffit. Une loi ou une ordonnance pourront, selon ce qui adviendra, prononcer un nouveau dégrèvement de cinq ou de dix francs.

Cette réduction opérée, il faudrait que le prix du quintal de sucre de la qualité dite *bonne qua-trième*, fût au Havre, par exemple, de cinquante-

---

(1) L'expérience que M. le général Bertrand ne pouvait pas encore connaître, prouve que les 10 fr. de taxe n'ont pas empêché le sucre de betterave de suivre la baisse forcée du sucre de cannes, au lieu de renchérir.

cinq francs, ce qui établirait à cinquante-trois francs le prix de la qualité moyenne du sucre colonial, lequel pourrait être décomposé comme il suit :

Frais de production dans la colonie...   25 fr.

Taxe réduite.......................   15

Payé par le commerce, savoir :

Frais à Saint-Pierre, déchet en mer, tare, fret, assurances, entrepôt et industrie métropolitaine...................   15

Total pareil.........   55 fr.

Voilà, si j'ose m'exprimer ainsi, le thermomètre qui aidera à juger de la situation coloniale. Au taux de cinquante-cinq francs (1), le quintal de *bonne quatrième*, AVEC LA TAXE RÉDUITE, il y aura pour le propriétaire médiocrité, et rien de plus ; au-dessus de ce cours, quelque aisance ; au-dessous misère, et ruine pour la plupart des colons.

2° En addition à la mesure de dégrèvement, le gouvernement pourrait autoriser chaque colonie à exporter directement par bâtiments français, seulement dans des ports d'Europe, et pendant deux ou trois ans, un quart de ses produits. Par ce moyen on conserverait à notre navigation ses pro-

---

1) Depuis six mois les taux ont été presque toujours au-dessous de cinquante-cinq francs ; ils ont été successivement dans les ports à cinquante-quatre francs, à cinquante-trois et même à cinquante-deux : l'annonce officielle d'un dégrèvement ne suffit pas pour relever d'un franc ces prix !.....

fits et son activité. On éviterait au sucre des colonies le surcroît de dépenses du débarquement, de rembarquement, de magasinage, de réparations de barriques, etc., etc., dont le sucre colonial est chargé à présent, lorsqu'il arrive sur le marché étranger ; dépenses qui sont d'une importance minime pour nos ports et notre commerce.

Il est plusieurs circonstances où nous pourrions profiter de cette disposition. Nos ports, à ce qu'il paraît, ont envoyé, l'année dernière, à l'étranger quelques chargements de sucre assez notables.

Une exportation directe, resserrée dans de telles limites, n'aurait pas les inconvénients qu'a signalés judicieusement M. Fournier, dans l'opinion remarquable qu'il a émise, au commencement de cette année, devant le conseil général de commerce.

RÉSUMÉ.

La taxe de vingt-quatre francs soixante et quinze centimes établie en France sur les cent livres de sucre brut, lorsque ce quintal y valait quatre-vingt-dix francs et plus, a pu longtemps se percevoir sans difficulté.

Mais depuis que le prix en est tombé au-dessous de vingt-cinq francs, à vingt-trois, à vingt, à seize, à quinze et plus bas encore, non-seulement il n'y a plus eu, dans un grand nombre d'habitations, aucune rente pour le propriétaire, mais les produits n'ont pu même couvrir les dépenses les plus strictes d'exploitation.

Dès lors les colons ont éprouvé les plus grands embarras, les faillites se sont multipliées dans le commerce, la détresse de la colonie est devenue extrême.

Lorsque l'impôt absorbe non-seulement la totalité du revenu net, mais qu'il ne laisse même pas au cultivateur la possibilité de couvrir ses frais de culture, persister à maintenir un impôt aussi immodéré serait un calcul irréfléchi, pour ne pas dire absurde; ce serait une injustice criante.

La métropole a la force et fait la loi. Mais y aurait-il sagesse à pousser au désespoir des populations françaises? Un gouvernement ne peut, sans s'exposer aux inconvénients les plus graves, s'écarter des règles de l'équité. Opprimer, ce n'est pas gouverner.

Pour rétablir l'équilibre, on croit indispensable de réduire immédiatement, de vingt francs au moins, la taxe imposée sur les cent kilogrammes, dans l'espoir que cette réduction ramènera le prix du quintal, ancien poids, à vingt-cinq francs, nets de tous frais.

De nouvelles diminutions devront avoir lieu, s'il est nécessaire, jusqu'à ce que ce but soit atteint.

Le gouvernement pourrait en outre autoriser chaque colonie à exporter directement, pendant deux ou trois années, par navires français, et seulement dans des ports d'Europe, un quart de ses produits, ce qui maintiendrait à notre navigation ses profits et ses avantages.

Il se pourrait que la réduction de la taxe fût en définitive profitable au trésor, loin de lui être nuisible.

En effet, depuis 1816, la consommation s'est augmentée en France, à mesure que le prix du sucre a baissé.

Les Français ne consomment par tête que trois kilogrammes de sucre, tandis que les Espagnols en consomment huit, et les Prussiens douze.

Il pourrait arriver que, par la diminution d'un tiers de la taxe, et la combinaison des autres éléments qui contribueraient à réduire le prix du sucre, la consommation en fût doublée; alors le trésor ne perdrait rien. Loin de là.

Le bon marché du sucre diminuerait la contrebande

qui est considérable. Le trésor y gagnerait, la morale également.

Tous les efforts doivent tendre à baisser le prix du sucre, et à en augmenter la consommation, afin d'assurer un debouché tant au sucre indigène qu'au sucre exotique, afin d'accroître les recettes du trésor public, et d'améliorer le bien-être de notre population : bien-être qu'un gouvernement populaire, que tout gouvernement sage doit avoir présent à la pensée, dans l'assiette de l'impôt.

Vu le développement qu'a pris la fabrication du sucre de betterave, et les avantages dont elle est entourée, on est porté à croire que le dégrèvement du sucre de canne n'arrêtera point le mouvement progressif du sucre indigène, qui conservera un avantage de quarante francs par quintal.

Mais dussent en souffrir et le trésor public et le sucre de betterave, il n'en faudrait pas moins dégrever le sucre exotique; car l'état de détresse actuelle des colonies ne peut se prolonger plus longtemps, et la France ne doit pas les laisser succomber.

Il est probable qu'on sera conduit successivement à égaliser les taxes que devront supporter les deux produits similaires.

Peut-être même faudra-t-il finir par intervertir les rôles, et imposer le sucre des colonies moins que le sucre indigène.

Jusqu'à ce que l'équilibre soit rétabli entre eux, le

gouvernement doit avoir l'œil sur leur situation res-
pective.

Faire coexister les deux produits similaires est un
problème difficile, mais qui peut-être n'est pas in-
soluble.

Que si néanmoins on en jugeait autrement, et que
la France attachât une telle importance au sucre indigène, qu'elle voulût déchirer la clause essentielle du
contrat qui lie la métropole aux colonies, elle serait
conduite à abandonner tout à fait l'ancien système colonial, et à le remplacer par la liberté commerciale.

Mais il faudrait faire de sérieuses réflexions avant
de prendre ce parti extrême, dont les conséquences
pourraient être funestes à la prospérité de la France,
surtout à sa navigation, par conséquent à sa puissance
maritime, à son influence politique, et même à la sû-
reté de l'État.

La clôture de la session a empêché les chambres
législatives de connaître toute l'étendue des calamités
qui chaque jour aggravent la situation des colonies, et
la nouvelle baisse de dix francs par quintal métrique
qui s'est opérée dans le prix du sucre; car M. Dumon,
dans son rapport du 18 juin dernier, établit à cin-
quante-neuf et soixante francs le cours, au Havre, du
quintal, ancien poids, de la qualité du sucre dite
bonne quatrième, lequel cours était à cinquante-cinq
francs peu de jours après.

Les habitants de l'île Martinique espèrent que, pre-
nant en considération le malheur qui les afflige et

qu'ils n'ont point mérité, LE ROI écoutera les justes réclamations des commissaires envoyés par le conseil colonial, et qu'il usera, pour prononcer un dégrèvement, de la faculté, sagement réservée par les lois à notre gouvernement, de modifier le tarif des douanes dans l'intervalle de deux sessions des chambres législatives.

Cette mesure utile et urgente serait, on n'en fait aucun doute, appuyée par l'opinion publique; car, en maintenant le bas prix du sucre, elle en étendrait la consommation dans les classes pauvres, dans les hôpitaux. L'accroissement de consommation garantirait les revenus du trésor public, menacés d'une diminution qui ne peut que s'accroître chaque année par la détresse des colonies.

Elle relèverait les espérances des colons qui, frappés dans le temps présent, menacés dans l'avenir, voient avec effroi leur ruine imminente, laquelle ne serait pas moins contraire à l'honneur qu'aux intérêts de la mère patrie.

Elle assurerait à la métropole le débouché de soixante millions des produits de son agriculture et de son industrie; à la navigation, que jamais nous ne devrions perdre de vue, l'activité et les profits que lui procurent trois à quatre cents navires et cinq à six mille matelots; à la pêche de la morue, la consommation d'une partie de sa pénible et laborieuse industrie; elle assurerait une pépinière de matelots expérimentés à notre marine militaire, qui n'est pas moins nécessaire à la protection des Français et de leur commerce dans tout l'univers, qu'elle ne l'est à la défense de notre territoire baigné par deux mers, à l'honneur de notre pavillon, à cette gloire nationale, noble héritage de nos ancêtres, qui est un besoin pour nous, à laquelle nous ne voulons ni ne devons renoncer.

Aux salines Dillon, île Martinique, ce 10 octobre 1838.

BIBLIOTHEQUE ROYALE
I